スクール鬼ごっこ

鬼ごっこを楽しむ

一般社団法人
鬼ごっこ協会【著】

いかだ社

はじめに
みんなで楽しめる鬼ごっこ

　鬼ごっこは、小さな子からお年寄りまで、だれもが遊んだことがある大人気の遊びです。学校の校庭や公園の原っぱ、みんなが住んでいる町の中など、いろいろな場所で友だちと手軽に楽しめるのですから、まさに遊びの王様と言えます。

　最近はテレビゲームや遊園地で遊ぶ人が増えて、昔に比べて鬼ごっこで遊ぶ機会が減ってきています。でも、鬼ごっこをするとたくさんの人と触れ合うことで友だちが増え、楽しみながら体を動かすことで元気にもなれます。

　また、鬼ごっこの種類も本当はすごくたくさんあって、一説によると数千種類が日本全国にあると言われています。この本ではそのすべてを取り上げることはできませんが、みんなが楽しめるような鬼ごっこを厳選して紹介しています。ぜひ、たくさん覚えてお友だちと遊んでもらえたら嬉しく思います。

もくじ

はじめに──みんなで楽しめる鬼ごっこ…………2
ご先祖様たちも遊んでいた鬼ごっこ…………4
鬼ごっこを楽しむ場所や遊び方…………5
鬼ごっこを楽しむための10か条…………6
鬼決めいろいろ…………6

★は難易度を表しています

★

おいかけっこ鬼…………8
へらし鬼…………10
ふやし鬼…………12
かくれんぼ…………14
色鬼…………16
高鬼…………18
氷鬼…………20
バナナ鬼…………22
地蔵鬼…………24
だるまさんがころんだ…………26
帽子鬼…………28

★★

影ふみ鬼…………30
手つなぎ鬼…………32
ドロケイ…………34
ハンカチ落とし…………36
はないちもんめ…………38
フルーツバスケット…………40
ものまね鬼…………42
キズ鬼…………44
レンジ鬼…………46
島鬼…………48
丸鬼…………50
だるまさんのものまね…………52

★★★

目かくし鬼…………54
線鬼…………56
ところてん鬼…………58
問答鬼…………60

★★★★

整列鬼…………62

3

ご先祖様たちも遊んでいた鬼ごっこ

　鬼ごっこはたいへん古くからある遊びで、1300年以上昔から日本では存在しています。いろいろな説があり、平安時代くらいからとも言われています。かつては日本各地の神社やお寺などで、社会の平和を願い、お米や野菜がたくさん実るようにお願いごとをする儀式として、「鬼ごっこの原型」となるものが行なわれていました。

　最も古い鬼ごっこの一つが「子とろ子とろ」と言われています。この遊びは役割分担が決まっています。たて1列に並び、先頭が「親」、親の後ろにいる人たちが「子」、そして列に向き合っている人が「鬼」です。ルールは、列の一番後ろの子に鬼がタッチしたら鬼の勝ちというもので、親はタッチされないように子を守ります。とてもスリリングで、ハラハラしながら遊べる鬼ごっこです。親と子が助け合うことで仲よくなることができます。

　昔から、鬼ごっこは友だち同士が楽しく遊び、仲よくなるためにも行なわれてきたのですね。

『スクール鬼ごっこ 鬼ごっこはスポーツだ』42ページで「対戦型子とろ子とろ」を紹介しているよ！

鬼ごっこを楽しむ場所や遊び方

　道具があまり必要なく、少しの人数と広さがあれば楽しめるのが鬼ごっこの魅力です。
　では、鬼ごっこはどんな場所で、どんな遊び方をすればいいのかを紹介したいと思います。まずは、みんなが通っている学校の校庭です。校庭には、いろいろな遊具が置いてあり、大きな木や草花が茂っているところもありますね。それらの遊具や草花をうまく利用してかくれんぼをしたり、高いところを利用して危なくないように高鬼などで遊んでみましょう。
　他には、みんなの家や学校の近くにある公園も大切な遊び場です。公園にも遊具があり、かくれ場所となる茂みがたくさんあります。ただ、公園には自分たち以外にもお年寄りが休んでいたり、犬の散歩をしている人がいますから、お互いが気持ちよく公園を使えるように遊びましょう。
　校庭や公園以外では、スポーツ施設や自動車の通りがない空き地でも遊ぶことができますね。ぜひ、みんながそれぞれ最高の遊び場所を見つけて、安全に楽しんでもらいたいと思います。

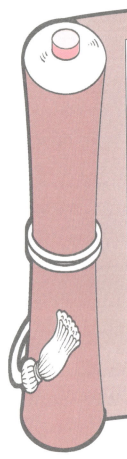

6条 遊べる場所をたくさん見つけるべし

7条 本気で勝負に挑むべし

8条 ずる賢く頭を使うべし

9条 反則はしないで正々堂々と楽しむべし

10条 誰よりも楽しむ気持ちを持つべし

鬼決めいろいろ

鬼ごっこには欠かせない役割で、主役と言ってもいいでしょう。
だれがなるのか、ドキドキしながら決めよう！

① じゃんけん

体力や年齢に関係なく、みんなが知っているじゃんけんで鬼を決めよう。じゃんけんに勝った人か負けた人が鬼になろう！

② この指とまれ

だれかが「この指と〜まれ！」と言って人さし指を出します。遊びたい人はその人さし指をかるくつかみます。最後にとまった人が鬼になります。早くつかみにいこう！

鬼ごっこを楽しむための10か条

1条 鬼ごっこの歴史・文化を学ぶべし

2条 体力をつけて全力で勝負するべし

3条 一緒に遊ぶ友だちを大切にするべし

4条 たくさんの種類の鬼ごっこを知るべし

5条 いろいろな年齢の友だちを仲間にするべし

③ 手を上げよう

鬼をやりたい人は、元気よく「はい！やりたい！」と言って自分から積極的に鬼になろう。やりたがらない人もいるので、ムードメーカーになって遊びを盛り上げよう！

④ 早く座ろう！

一緒に遊ぶ友だち同士で、だれかが掛け声を言ったら、みんながしゃがんで、最後にしゃがんだ人が鬼になります。

人数　鬼：1人〜　子：複数

おいかけっこ鬼

「鬼を決める。鬼から子が逃げる。最初につかまった子が次の鬼になる」という、もっとも基本の鬼ごっこです。

基本の遊び方

鬼始め ● 鬼が10数えたらスタート

① 鬼と子を決めます。
② 鬼は子を追いかけ、子は鬼から逃げます。
③ 鬼が子をつかまえたら、つかまった子が次の鬼になります。

なかなかつかまらないときは、鬼をふやすといいよ

❶ 逃げる・追いかけることで自然と走りだします。体を動かす楽しさを感じよう。

❷ つかまらないように、つかまえられるように、工夫しながら遊ぼう。

アレンジ 1
ルールを工夫する

異年齢でやるときは「なるべく同じ学年をつかまえる」ルールでやってみよう。

気をつけよう
- 他にも逃げている人がいます。まわりを見てぶつからないようにしよう。
- 範囲を決めてやろう。

低学年や幼児と遊ぶときは
- まずは先生（高学年）が鬼をやるとよいでしょう。

人数　鬼：1人〜　　子：複数

へらし鬼

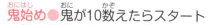

鬼は子をつかまえて、どんどん子をへらしていく鬼ごっこです。

基本の遊び方

鬼始め●鬼が10数えたらスタート

① 鬼を何人か決めて、残りは子になります。
② つかまった子は、その場にしゃがむなどして、つかまったことがわかるようにします。
③ 子がだれもいなくなるか、決めた制限時間までやって勝敗を決めます。
　子がいなくなれば鬼の勝ち。時間切れなら子の勝ちです。

❶ 逃げる・追いかけることで自然と走りだします。体を動かす楽しさを感じよう。

❷ つかまらないように、つかまえられるように、工夫しながら遊ぼう。

アレンジ1 復活できるようにする

つかまっても、何回か復活できるようにするとおもしろいよ。

アレンジ2 鬼の数を変える

メンバーの学年や人数に合わせて鬼の数を変えてみよう。

気をつけよう
- 他にも逃げている人がいます。まわりを見てぶつからないようにしよう。
- 範囲を決めてやろう。

低学年や幼児と遊ぶときは
- 鬼の数をふやして、回数を多くやるとよいでしょう。

| 人数 | 鬼：1人〜　子：複数 |

ふやし鬼

鬼にタッチされた子も鬼になって子を追いかけます。
鬼がどんどんふえていく鬼ごっこ。へらし鬼（p10）の逆バージョンですね。

基本の遊び方

鬼始め●鬼が10数えたらスタート

① 鬼と子を決めます。
② 鬼は子を追いかけ、鬼にタッチされたらその子も鬼になります。
③ 全員が鬼になったら終わりです。

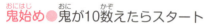

タッチされた子は鬼になる

レベルアップ
❶ すぐに終わってしまう鬼ごっこなので、鬼も子もみんな一生懸命走ると楽しくなるよ。
❷ 鬼どうしの連携が大事だよ。うまくコミュニケーションをとりながらやろう。

アレンジ1 時間を決める

時間を決めて、時間内に全員が鬼になるか、だれかが逃げきるかのルールにしてもおもしろいよ。

気をつけよう
● 他にも逃げている人がいます。まわりを見てぶつからないようにしよう。
● 範囲を決めてやろう。

低学年や幼児と遊ぶときは
● スタートのときは鬼を少しふやしてやるとよいでしょう。

| 人数 | 鬼：1人～　子：複数 |

かくれんぼ

かくれんぼも古くから遊ばれている鬼ごっこの1つです。
鬼に見つからないようにかくれ、見つかったら鬼を交代します。

基本の遊び方

鬼始め ● 鬼が10数えたらスタート

① 鬼が10数えている間に、子はそれぞれかくれます。

② 鬼が数え終わったら、子はつかまらないようにかくれながら逃げます（移動してもOK）。

かくれる場所がたくさんあるとおもしろい

③ 鬼が全員を見つけたら、最初に見つかった子が鬼になります。

鬼の注意をひくために、少し声を出してみよう

❶ 鬼も子も集中していないとすぐに相手の動きを見のがしてしまうよ。よく見ようね。
❷ どの角度なら見えないかを考えながらやろう。空間をうまく使う力がつくぞ。

アレンジ1

1人をみんなで見つける

鬼みんなで1人の子を見つけるというアレンジもおもしろいよ。

アレンジ2

場所を変える

やる場所を変えるだけで楽しさが変わるので、校庭の他いろんな公園などでもやってみよう。

気をつけよう

- だれがかくれているか把握しておこう。
- 広がりすぎないようかくれんぼをやる範囲を決めよう。
- 範囲以外のところにかくれたりしないようにしよう。

低学年や幼児と遊ぶときは

- 最初は大人（高学年）が鬼をやるとよいでしょう。
- 何人か鬼がいるとおもしろくできます。
- 低学年などなかなか見つけることができない場合、鬼をふやすのもよい。

| 人数 | 鬼：1人〜　子：複数 |

色鬼

鬼が色を言い、その色にさわっている間はつかまらないというルールです。
鬼は子が色を探している間につかまえます。

基本の遊び方

鬼始め●鬼が10数えたらスタート

① 鬼と子を決めます。
② 鬼は色を言い、子はその色の物を探してさわります。
③ 色を探している間に鬼がタッチしたら、鬼を交代します。

ちがう色をえらんだらつかまるぞ

見つけやすい色、見つけにくい色、どちらも楽しい

> レベルアップ
> ❶ どこにどんな色があるか、まわりをよく観察しよう。
> ❷ 何色にするとおもしろくなるか、想像すると楽しいね。

アレンジ 1
色の数を変える
色を複数にすると見つけやすいよ。

気をつけよう
- 範囲を決めてやろう。
- まわりをよく見てぶつからないようにしよう。
- そこにない色を言わないこと。

低学年や幼児と遊ぶときは
- わかりやすい色にしてあげましょう。

| 人数 | 鬼：1人〜　子：複数 |

高鬼

高いところにいる間はつかまらない、
安全地帯がある鬼ごっこです。スリルもあるぞ。

基本の遊び方

鬼始め●鬼が10数えたらスタート

① 鬼と子を決めます。
② 子は、少しでも地面から高いところに逃げればタッチされません。
③ 同じ場所にいられる時間を決めておき、時間内に別の高いところに行かなければなりません。
④ 鬼に最初にタッチされた子が次の鬼になります。

高いところがたくさんある場所でやると楽しい

同じ場所は10秒以内とするのもおもしろい

❶ 常にまわりを観察して高いところを見つけておこう。

高さに条件をつける

「ひざより上」など、高さを指定するのもおもしろい。むずかしくなるよ。

気をつけよう
- 高すぎるところには上がらないようにしよう。あぶないからね。

低学年や幼児と遊ぶときは
- 低いところにしか上がらないようにしましょう。

| 人数 | 鬼：1人〜　子：複数 |

氷鬼

鬼につかまると、つかまったときのかっこうで固まるのが特徴です。
他の子が助けてあげると復活できます。

固まるかっこう
を考えるのも
楽しい

基本の遊び方

鬼始め● 鬼が10数えたらスタート

① 鬼と子を決めます。
② 鬼にタッチされた子は、そのときのかっこうでその場で固まります。
③ 逃げている子が固まった子にタッチすると、その子は復活します。
④ 時間を決めてこれをくり返していきます。

みんなで
助けにいこう

レベルアップ
1. つかまった子がどこにいるか、常に確認するようにしよう。
2. 仲間を助ける気持ちを忘れずに。
3. 固まった子は声を出して助けを求めよう。コミュニケーションが大事だよ。

アレンジ1 助け方を変える

固まった子の股をくぐるなど、氷のとかし方を変えてみよう。時間がかかるのでスリルもあるよ。

アレンジ2 鬼の数を変える

子の数に合わせて鬼の数を変えてみよう。低学年だけなら少なめに、学年が上がるにつれてふやしていくといいね。

気をつけよう
- 範囲を決めてやろう。
- まわりをよく見てぶつからないようにしよう。
- 鬼は順番に交代するようにしよう。

低学年や幼児と遊ぶときは
- 最初は鬼の数を少し多めにして始めるとよいでしょう。

| 人数 | 鬼：1人〜　子：複数 |

バナナ鬼

鬼につかまった子がバナナの格好になるのが特徴です。
まわりの子はバナナの皮をむいて仲間を助けながら楽しもう。

基本の遊び方

鬼始め ● 鬼が10数えたらスタート

① 鬼が子をつかまえにいき、つかまった子はその場にとまります。
② つかまったら両手を上げ、手のひらを合わせてバナナの格好になります。

> バナナの子は、声を出して助けを求めよう！

③ 逃げている子がバナナの皮をむいてあげると、バナナの子は復活することができます。

> **レベルアップ**
> ❶ つかまった子がいないか、まわりをよく見よう。
> ❷ バナナの子を助けにいくことで仲間意識がぐっと強くなるよ。
> ❸ 逃げる子とバナナの子との間でコミュニケーションをとりあおう。

アレンジ1

バナナを助ける人数を変える

2人の方がむずかしくなるよ。低学年は1人で、中学年以上は2人で助けるようにしよう。

アレンジ2

鬼の数を変える

逃げる子の数に合わせて。低学年では鬼の数を少なめに、学年が上がるにつれてふやしてみよう。

気をつけよう
- 他にも逃げている人がいます。まわりを見てぶつからないようにしよう。
- バナナの皮になっている手を強く引っぱらないようにしよう。
- 範囲を決めてやろう。

低学年や幼児と遊ぶときは
- 鬼は大人（上級生）がやるとスムーズに進めやすくなります。
- つかまったらバナナになる、バナナになった子を助ける、というシンプルなルールだけを伝えます。

バナナ鬼

| 人数 | 鬼：1人〜　子：複数 |

地蔵鬼

鬼につかまった子はお地蔵さんになって固まります。
お地蔵さんの前で拝むポーズをして助けてあげよう。

お地蔵さんに
なりきって
助けを待とう

基本の遊び方

鬼始め ● 鬼が10数えたらスタート

① 鬼と子を決めます。
② 鬼につかまった子は、その場でお地蔵さんのポーズで固まります。
③ 逃げている子がお地蔵さんの前で拝むと、その子は復活できます。

拝むときも
真剣に

① お地蔵さんがどこにいるか、常に確認するようにしよう。
② 仲間を助ける気持ちを忘れずに。
③ お地蔵さんは声を出して助けを求めよう。コミュニケーションが大事だよ。

ポーズや拝み方を考える

お地蔵さんのポーズ、拝むポーズをみんなで考えよう。拝む回数をふやすと難易度が上がるので高学年向けになるよ。

鬼の数を変える

子の数に合わせて鬼の数を変えてみよう。低学年だけなら少なめに、学年が上がるにつれてふやしていくといいね。

気をつけよう
- 範囲を決めてやろう。
- まわりをよく見てぶつからないようにしよう。
- 鬼は順番に交代するようにしよう。

低学年や幼児と遊ぶときは
- 鬼は大人（上級生）がやるとスムーズに進めやすくなります。
- お地蔵さんがどういうものかわからない場合は、ポーズをまねてもらうだけにします。

| 人数 | 鬼：1人〜　子：複数 |

だるまさんがころんだ

有名なかけ声で進める鬼ごっこ。
止まるポーズを考えるのも楽しいし、鬼と子のかけひきもおもしろいよ。

基本の遊び方

鬼始め●子の「はじめの一歩」でスタート

① 鬼を1人決め、子は鬼から離れてならびます。
② 鬼は木や壁を向いて腕に目を伏せ「だるまさんがころんだ」と大きな声で言います。その間に子は鬼に近づきます。
③ 鬼が言い終わり、ふり返ったときに動いている子がいたら、その子の名前を呼びます。

④ 名前を呼ばれた子は、鬼と手をつないでつながります。これをくり返します。
⑤ だんだん鬼に近づいていき、鬼と子のつないだ手を切ると、子はいっせいに逃げます。

⑥ 鬼が10数えたら子はストップ。鬼は大股で10歩くらい跳びながら子をつかまえます。つかまった子の中から次の鬼を決めます。

① 早く動いたりゆっくり動いたり走ったり。いろんな動作をしてみよう。
② 鬼もかけ声のスピードを変えるなどして、子とのかけひきを楽しもう。

場所を変える

やる場所を変えるだけでおもしろさも変わります。障害物が多い場所などいろいろなところでためしてみよう。

気をつけよう
● 範囲を決めてやろう。

低学年や幼児と遊ぶときは
● まずは見本を見せて、それをまねてもらうようにするとわかりやすいですよ。
● 大人（高学年）が鬼になり、かけ声をゆっくりかけてあげましょう。

| 人数 | 鬼：1人〜　子：複数 | 用意するもの | 赤白帽×人数分 |

帽子鬼

みんな帽子をかぶって鬼ごっこ。
鬼に帽子を取られたらその子も鬼になります。
鬼が赤、子は白にするとわかりやすいね。

基本の遊び方

鬼始め●鬼が10数えたらスタート

① 鬼と子を決めます。
② 全員、帽子をかぶります。
③ 鬼は帽子を取りにいき、取られた子は鬼になります。鬼がどんどんふえていくよ。

帽子の向きを変えて逃げるのもアリ

取った帽子はすぐ本人に返すよ

① 運動量の多い鬼ごっこなので体力がつくぞ。
② 鬼がふえたら、鬼は協力して帽子を取りにいこう。

ルールを逆にする　つかまった子がへっていく「へらし鬼」にしてもよい。

気をつけよう
- ゴムやひも付きの帽子は、あぶないので首にかけないこと。
- 範囲を決めてやろう。
- まわりをよく見てぶつからないようにしよう。

低学年や幼児と遊ぶときは
- 大人（高学年）が鬼をやるとよいでしょう。

| 人数 | 鬼：1人〜　子：複数 |

影ふみ鬼

タッチではなく影をふんでつかまえる鬼ごっこ。
ふだんあまり気にしない影に注目することで、
またちがった楽しみ方ができます。

基本の遊び方

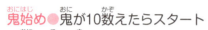

鬼始め●鬼が10数えたらスタート

① 鬼と子を決めます。
② 鬼はタッチではなく影をふんで子をつかまえます。
③ 影をふまれた子も鬼になって続けます。

物陰に一瞬逃げこむのもOK

影の長さや向きを意識して

30

❶ 影の長さや向きをうまくつかんで走ろう。
❷ 太陽の光など自然を利用した鬼ごっこなので、自然を意識するいい機会になるよ。
❸ 時間帯によって影の長さがちがうよ。太陽と影の関係がよくわかります。

アレンジ1 時間帯を変える

1日の中で時間を変えてやってみよう。同じ公園でも影の長さや向きが変わるので、またちがったおもしろさがあります。

小さくなったり　　長くのびたり

アレンジ2 いろんな公園で

やる場所を変えるだけでもおもしろさが変わるよ。木やかくれるところの多い環境でやってみよう。

気をつけよう
- 範囲を決めてやろう。
- まわりをよく見てぶつからないようにしよう。
- 足をふまないようにね。

低学年や幼児と遊ぶときは
- 大人（高学年）が逃げる役になり、小さい子にふませるとおもしろくできます。
- 鬼が多くいる方が楽しくなります。

| 人数 | 鬼：1人〜　子：複数 |

手つなぎ鬼

鬼にタッチされると手をつないで一緒に鬼になります。
どんどん長くなった鬼につかまらず逃げきれるかな。

基本の遊び方

鬼始め ● 鬼が10数えたらスタート

① 鬼と子を決めます。
② タッチされた子は鬼と手をつなぎ、一緒に他の子を追いかけます。
③ つながった鬼の数が多くなったら半分に分かれ、子がいなくなったらおしまい。

角に追いこむのもいいね

人数が多くなったら半分に分かれよう

❶ 鬼は協力しないとうまく動けないよ。声をかけあってチームワークよくやろう。

全員つながりで

広い場所があったら、全員がつながるまでやってみるのもおもしろい。うまく動けるかな？ 鬼どうしのコミュニケーションがとても大事です！

手つなぎ鬼

長くなったら囲むようにするとつかまえやすい

気をつけよう
- まわりのじゃまにならないよう、範囲を決めてやろう。
- 鬼はつないだ手を無理に引っぱらないこと。

低学年や幼児と遊ぶときは
- ころぶとあぶないので、鬼はあまり長くつながりすぎないようにしましょう。

| 人数 | 鬼：複数　子：複数 |

ドロケイ

たいへん人気のある鬼ごっこ。地域によって呼び方がいろいろあります。
警察（鬼）と泥棒（子）に分かれ、牢屋に入ったり、
仲間に助けられて復活したり。ドラマのように楽しもう。

基本の遊び方

鬼始め● 警察（鬼）が10数えたらスタート

① 警察（鬼）と泥棒（子）に分かれます。
② 牢屋を決めておき、泥棒は警察につかまったら牢屋に入ります。
③ 牢屋にいる泥棒に仲間がタッチすれば、牢屋の泥棒は復活できます。
④ これをくり返していきます。

警察は牢屋番をおくとおもしろくなる

泥棒は積極的に助けにいこう

レベルアップ

❶ チーム戦に近いので、警察も泥棒もコミュニケーションをうまくとろう。
❷ とてもよい運動になるので、体力アップまちがいなし。

アレンジ 1
人数や牢屋を変える

泥棒と警察の人数、牢屋の形や大きさを変えながらやるとおもしろくなります。また、泥棒のアジトなどをつくっても楽しいね。

気をつけよう
- まわりのじゃまにならないよう、範囲を決めてやろう。
- 何度かチームがえをしよう。

低学年や幼児と遊ぶときは
- 警察の数を少し多めにするとよいでしょう。

| 人数 | 2チームに分ける | 用意するもの | ハンカチ |

ハンカチ落とし

レクリエーションでおなじみの鬼ごっこ。ハンカチをいつ落とされるかハラハラドキドキ。鬼と子のかけひきを楽しみましょう。

基本の遊び方

鬼始め ● 鬼がハンカチを落としたらスタート

① 鬼を1人決め、子は全員が輪になって内側を向いて座ります。
② 鬼はハンカチを持ち、だれかの後ろに落とします。
③ 落とされたことに気づいた子は鬼を追いかけ、鬼に座られる前にタッチします。
④ タッチの前に鬼に座られたら、その子と鬼を交代して②から始めます。

まわりは気づいても 声もだしてはダメ

他の子は声を出さずにヒントをあげよう

⑤ ハンカチに気づかず、1周まわってきた鬼にタッチされるのもアウト。交代です。

鬼はここに座ろうとします

がんばれ〜！

❶ 落とすフリをしたり、歩く速度を変えたり。鬼は表情も工夫しよう。
❷ 気づいたらすぐ立ち上がって追いかけるので、瞬発力がつくぞ。
❸ 背中の気配やみんなの表情を読む力が身につくよ。

アレンジ 1
落とすものを変える

ハンカチをタオルに変えてやってみよう。落とすときの音が大きくなるよ。

ハンカチ落とし

アレンジ 2
鬼は早歩きで

鬼は走ってはいけないというルールでやると、鬼をつかまえやすくなるよ。

気をつけよう
● 走っている人は座っている人にぶつからないように逃げよう。

低学年や幼児と遊ぶときは
● だれに落とすかを決めてわかりやすくしてから始めるのもよいでしょう。

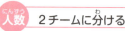 2チームに分ける

はないちもんめ

昔からある鬼ごっこの1つです。
2チームがうたいながらほしい子を指名しあいます。
リーダーがじゃんけん勝負をして、仲間をふやします。

基本の遊び方

鬼始め●歌のうたい始めが鬼始め

① 2チームに分かれ、向かいあって横にならびます。
② 相手チームのほしい子を相談して決めておきます。
③ 「か〜ってうれしいはないちもんめ」「まけ〜てくやしいはないちもんめ」「〇〇ちゃんがほしい」「△△ちゃんがほしい」と、交互にうたいながら片足を上げ、片方が前に出ると片方は後ろに下がります。
④ リーダーどうしがじゃんけんをし、勝ったチームがほしい子を仲間にします。これをくり返します。

> みんなで声をそろえてうたおう

> 足もそろえて上げよう

❶ みんなで動きや歌をそろえるのが大事だよ。
チームワークよくやろう。

「相談しましょ」「そうしましょ」の後に、じゃんけん！

気をつけよう
● 同じ子ばかり指名せず、毎回ちがう子を指名しよう。

低学年や幼児と遊ぶときは
● かんたんな歌にするとよいでしょう。

はないちもんめ

| 人数 | 鬼：1人～　子：複数 | 用意するもの | イス×子の人数分 |

フルーツバスケット

イス取りゲームの一種です。子は果物を割り当てられてイスに座り、鬼が果物の名前を言ったら、その果物の子は移動します。鬼がその間にイスに座れば、鬼を交代します。

いろんな種類の果物があるといいね

基本の遊び方

鬼始め●鬼が果物の名前を言ったらスタート

① イスを円形にならべ、鬼と子を決めます。
② 子はいくつかの種類の果物になります。
③ 鬼が果物の名前を言ったら、その果物の子たちはイスを移動します。
④ 子が移動している間に鬼はあいているイスに座ります。
⑤ 座れなかった子が次の鬼になります。

レベルアップ
❶ 果物を言われたらすぐに反応するよ。
瞬発力と判断力が身につくね。

アレンジ 1
果物以外にも

野菜や動物など、果物以外のものでやってみよう。

気をつけよう
- みんながわかるものを選ぼう。
- いっせいに走りだすので、ぶつからないようにしよう。

低学年や幼児と遊ぶときは
- 少ない種類でやるとよいでしょう。

フルーツバスケット

| 人数 | 鬼：1人　子：複数 |

ものまね鬼

なりきりものまね鬼ごっこです。
恥ずかしがらずに、指定されたお題になりきって遊ぼう。
その方がぐんと楽しくなるよ。

同じ動物でも
ジャンルを
細かくすると
楽しい

基本の遊び方

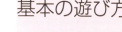

鬼始め● 鬼がものまねを始めたらスタート
① 鬼と子を決めます。
② 鬼は何のものまねをするか決めます。
③ スタートしたら、鬼も子も指定されたものまねをしながら鬼ごっこをします。
④ 子はつかまったら、ちがうものまねでまた始めます。

レベルアップ

❶ まねをするということは演じるということ。表現豊かにやろう。
❷ 人間以外の動きをするので、柔軟な身のこなしで全身運動ができるよ。

アレンジ 1

どんなお題でやってみる？

低学年ならかんたんな動きのもの、学年が上がるにつれてむずかしいものにチャレンジするとおもしろいよ。

人間のまねでもおもしろくできるぞ

気をつけよう
- みんながわからないお題はやめよう。

低学年や幼児と遊ぶときは
- 魚なら魚全体にするなど、わかりやすいお題にするとよいでしょう。

| 人数 | 鬼：1人〜　子：複数　お医者さん：1人 |

キズ鬼

鬼にタッチされた場所（キズ）を手で押さえながら逃げる鬼ごっこ。
手が自由に使えず走りにくいのがおもしろポイント。

基本の遊び方

鬼始め●鬼が10数えたらスタート

① 鬼と子とお医者さん（1人）を決めます。
② 子は鬼にタッチされたら、そこを押さえてまた逃げます。
③ 2回目にタッチされたら、もう片方の手で押さえてまた逃げます。

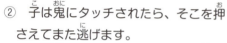

押さえにくいところにタッチするとおもしろい

2回目タッチのときは押さえる手を交換してもOK

④ 3回タッチされたら、お医者さんのところに行って復活させてもらいます。
⑤ 時間を決めて鬼を交代します。

レベルアップ
① 手で押さえていると走りにくくなるので、うまくバランスがとれるようになるよ。
② タッチされたらどちらの手で押さえると逃げやすいか考えよう。
③ 3回タッチするので、鬼はスタミナがつきそう。

アレンジ 1
ルールを変える

「3回タッチされたらその場で固まり、仲間がタッチすると復活できる」「4回タッチで鬼を交代」など、ルールを変えて楽しもう。鬼も少しは楽になるね。

気をつけよう
● 足にタッチすると動きにくくなるのでねらい目ですが、蹴られるおそれがあるので気をつけて。

低学年や幼児と遊ぶときは
● 鬼は大人（高学年）がやるとよいでしょう。

| 人数 | 鬼：1人〜　子：複数 |

レンジ鬼

助ける動作がまるで「レンジでチン」するみたい。そんな見た目からこの名がつきました。仲間2人で、「解凍して」助けてあげましょう。

基本の遊び方

鬼始め●鬼が10数えたらスタート

① 鬼と子を決めます。
② 鬼にタッチされた子は、その場にしゃがんで固まります。
③ 逃げている子は2人で両手をつなぎ、つかまった子を囲んで上から手を下ろすと復活できます。
④ 時間を決めてこれをくり返していきます。

声をかけあって
2人で助けに
いこう

レベルアップ
1. つかまった子がどこにいるか、常に確認するようにしよう。
2. 仲間を助ける気持ちを忘れずに。2人で協力して助けよう。
3. 固まった子は声を出して助けを求めよう。コミュニケーションが大事だよ。

アレンジ 1 鬼の数を変える

子の数に合わせて鬼の数を変えてみよう。低学年だけなら少なめに、学年が上がるにつれてふやしていくといいね。

気をつけよう
- 範囲を決めてやろう。
- まわりをよく見てぶつからないようにしよう。
- 鬼は順番に交代するようにしよう。

低学年や幼児と遊ぶときは
- 幼児なら、最初は「レンジでチン」の動作だけで遊ぶとよいでしょう。

| 人数 | 鬼：1人〜　子：複数 |

島鬼（しまおに）

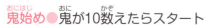

いろんな形と大きさの島を、鬼につかまらないように
わたりながら逃げる鬼ごっこです。

基本の遊び方

鬼始め●鬼が10数えたらスタート

① 子より1〜2少ない数の島を地面にかいておきます。
② 鬼と子を決めます。
③ 子は、島をわたりながらつかまらないように逃げます。
　・1つの島に入れるのは1人だけ
　・島に入れる時間を決めておく
　・同じ島には続けて入れない
④ 鬼に最初にタッチされた子が次の鬼になります。

島に名前をつけても楽しいね

❶ どこの島があいているか、鬼はどこか、常にまわりを観察しながら逃げよう。
❷ 鬼は、だれが島から移動しそうか、タイミングを見のがさないようにしよう。

島の数を変える

島の数をへらすごとに難易度は上がっていくよ。

島に入れる人数をふやす

島に入れる人数を少しふやせば難易度は下がります。

気をつけよう
● 島に入っている子が出てくるときにぶつからないようにしよう。

低学年や幼児と遊ぶときは
● 島の数を多くするとやりやすくなります。
● 鬼の数をふやして始めるとよいでしょう。

| 人数 | 鬼：1人〜　子：複数 |

丸鬼

「おしくらまんじゅう」のように身をよせあって逃げる鬼ごっこです。
鬼のタッチをうまくよけられるかな。

基本の遊び方

鬼始め ● 鬼が10数えたらスタート

① 人数に合わせて適度な円をかきます。
② 鬼を1人決め、他の子は円の中に入ります。
③ 鬼にタッチされた子は、円の外に出て鬼になります。
④ 時間内に子をどれだけへらせるかを楽しみます。

鬼が2人だと両方からおしくらまんじゅう

鬼がふえるとよけたりかわしたり

① 鬼は協力しあってタッチしよう。チームワークが大切！
② 踏んばったり体をひねったり。子はいろんな姿勢で逃げると見ている人も楽しいよ。

円を大きくする 円を少し大きめにかいて、鬼を最初からふやしてやってみよう。

気をつけよう
- 夢中になるところびやすくなるよ。まわりを見て、強く押さないようにしよう。
- 人数に合ったちょうどよい大きさの円をみんなで決めよう。

低学年や幼児と遊ぶときは
- 最初は鬼の数を少し多めにしてやるとよいでしょう。

| 人数 | 鬼：1人　子：複数 |

だるまさんのものまね

「だるまさんがころんだ」（p26）を変化させた鬼ごっこ。
鬼がふり向いたときのポーズをまねしながらやるので、むずかしくなるぞ。

基本の遊び方

鬼始め●子の「はじめの一歩」でスタート

① 鬼を1人決め、子は鬼から離れてならびます。
② 鬼は「だるまさんのものまね」と言ってふり返り、ポーズをとります。子は鬼と同じポーズで止まらないといけません。
③ 鬼はまちがったポーズをしている子がいたらその子の名前を呼びます。

④ 名前を呼ばれた子は、鬼と手をつないでつながります。これをくり返します。
⑤ だんだん鬼に近づいていき、鬼と子のつないだ手を切ると、子はいっせいに逃げます。
⑥ 鬼が10数えたら子はストップ。鬼は大股で10歩くらい跳びながら子をつかまえます。つかまった子の中から次の鬼を決めます。

❶ 鏡を見るのと同じように鬼とは左右が逆になる。思った以上に大変だよ。瞬時に判断しよう。

ものまねのジャンルを決める

動物やアニメの決めポーズなど、ものまねをするジャンルをあらかじめ決めておくのもよい。

気をつけよう
● 範囲を決めてやろう。

低学年や幼児と遊ぶときは
● かんたんなポーズから始めるとよいでしょう。
● 「左右が反対でもOK」にするとやさしくなります。

| 人数 | 鬼：1人〜　子：複数 | 用意するもの | 目かくし用のタオル×鬼の人数分 |

目かくし鬼

鬼が目かくしをする鬼ごっこ。
「鬼さんこちら、手の鳴る方へ」のかけ声を聞きながら子をつかまえます。

基本の遊び方

鬼始め●子のかけ声がスタートの合図

① 逃げる範囲を決めます。
② 鬼と子を決め、鬼は目かくしをします。
③ 子は鬼のまわりで「鬼さんこちら、手の鳴る方へ」と手をたたいて声をかけます。
④ 鬼はその声をたよりに手さぐりで子をつかまえます。
⑤ 最初にタッチされた子が次の鬼です。

にぎやかに声をかけあって

❶ 鬼が範囲から出そうになったり、あぶないときは声をかけてあげて。鬼とまわりの子の一体感を大切に遊びましょう。

鬼をふやす　鬼の数をふやしてみよう。ぶつからないように、まわりは注意して声をかけてあげましょう。

気をつけよう
● 遠くに逃げるとつかまえられないので、鬼の近くで声を出そう。
● 段差や障害物があるところは避けよう。

低学年や幼児と遊ぶときは
● 大きな声を出して遊びましょう。

| 人数 | 鬼：1人〜　子：複数 |

線鬼

線の上だけを移動する鬼ごっこ。
外でも室内でも、あまり広い場所でなくても短時間で楽しめます。
いろんな線を考えよう。

基本の遊び方

鬼始め● 鬼が10数えたらスタート

① 地面にいくつか線をひきます。体育館の床の線を利用してもよい。
② 鬼も子も線の上に乗ります。動いていいのは線の上だけです。
③ 他の線に移ってもOK。線から出たらアウトです。
④ タッチされた子が次の鬼になって続けます。

線を複雑にするとおもしろいよ

> ❶ 動けるのは線の上だけ。落ちないようにバランス感覚が養われるよ。
> ❷ どんな線をかくともっと楽しくなるか、想像力をはたらかせよう。

アレンジ1 生き残りゲーム

時間を決めて「だれが最後まで残るか」でやってみよう。生き残った子が勝ちです。

アレンジ2 鬼のルールを変える

鬼が動いていい線を限定する、鬼の数をふやす、などに変えてもおもしろいよ。

気をつけよう
- まわりをよく見てぶつからないようにしよう。

低学年や幼児と遊ぶときは
- 線の本数を少なくしてやりましょう。

| 人数 | 鬼：1人〜　子：複数 |

ところてん鬼

ペアをいくつもつくり、ならんで島になります。
1人が逃げこむと1人がところてんのように押しだされる鬼ごっこです。

基本の遊び方

鬼始め● 鬼が10数えたらスタート

① 鬼と子を決めます。
② 子はペアを何組かつくり、ならんで座ります（島）。他の子は逃げる役です。
③ 子が島に逃げこむと、反対側に座っている子が押しだされ、鬼に追いかけられる番になります。
④ つかまったら鬼を交代して続けます。

島に積極的に逃げこむとおもしろい

> **レベルアップ**
> ❶ 鬼は島から押しだされる子を予測して、先回りしてつかまえよう。
> ❷ 島にいる子はまわりをよく見て、すぐに動ける準備をしておこう。

島の形や人数を変える

島をたての列にしたりねころんだ島にすると、別の動きが楽しめます。島を3人組にしたり鬼の数をふやすのもおもしろいよ。

気をつけよう
● 逃げこむとき、勢いあまって強くぶつからないようにしよう。

低学年や幼児と遊ぶときは
● 島の数を少なくしてやるとわかりやすい。

| 人数 | 鬼：1人　子：複数 |

問答鬼

鬼はあらかじめキーワードを決めておき、それをもとにお話をします。
そのキーワードが出たら子はいっせいに逃げましょう。

基本の遊び方

★
★
★

鬼始め●鬼が10数えたらスタート

① 鬼はキーワードになる言葉を決めます。
② 子は横1列にならんで座り、鬼はその前に立ちます。
③ 鬼は、お話の途中でその言葉が出たら逃げることを子に伝えます。
④ 鬼はお話を始め、話の途中にキーワードを言います。
⑤ キーワードが出たら、子はいっせいに逃げます。
⑥ 鬼は10数えたら追いかけ、最初につかまえた子と鬼を交代します。

❶ フェイントでちがうキーワードを言うなどして盛り上げよう。
❷ 子はいつでも逃げられるように集中してお話を聞こう。瞬発力がつきそうだね。

アレンジ1 逃げる場所を決める

キーワードごとに逃げる場所を決めてみよう。あわててまちがえやすくなるよ。

アレンジ2 子の姿勢を変える

後ろ向きに座ったり、うつぶせになったりすると難易度が上がるよ。

気をつけよう
- 走りだすときに、まわりの子とぶつからないようにしよう。

低学年や幼児と遊ぶときは
- 単純なキーワードにして、幼児でもわかるお話をしましょう。

| 人数 | 鬼：1人〜　子：複数　列：大勢いるとよい |

整列鬼

全員が集合隊形に整列して、その中で鬼ごっこをします。
かけ声で走る向きが変わるおもしろさがあります。朝礼のときなどにぴったり！

基本の遊び方

★★★★

鬼始め● 鬼が10数えたらスタート

① 鬼と子を決めたら、残り全員で整列隊形にならびます。
② 列の人は両手を横に上げて走るコースをつくります。鬼も子もこのコースしか走れません。
③ リーダーの合図（かけ声）で、列の人はいっせいに向きを変えてコースを変えます。
④ 全員をつかまえるまでやってみよう。

両手をあげて
コースをつくります。

合図で矢印の方向に
走るコースが変わります。

せーの
左!!

レベルアップ

❶ 整列している人は息を合わせて向きを変えよう。見栄えがよくなるよ。
❷ 鬼も子も、整列している人をうまく利用するとおもしろくなるよ。

アレンジ1　列の長さや数を変える

長い列にして、列の数もふやすとよい。全校集会や朝礼でやると楽しいね。

気をつけよう
● 列の向きが変わったときにぶつからないように気をつけよう。

低学年や幼児と遊ぶときは
● 列の間隔を広くするとよいでしょう。

【著者紹介】一般社団法人 鬼ごっこ協会

遊びとスポーツの融合を目ざした方法論を展開しており、幼児からお年寄りまで愛されている鬼ごっこや、協会オリジナルで開発したスポーツ鬼ごっこの普及に努めている。

【執筆】

羽崎 泰男（はざき やすお）

（一社）鬼ごっこ協会代表理事。
日本体育大学卒業、ペンシルバニア州立大学大学院ＭＳ取得。1984年より国立総合児童センター「こどもの城」に勤務、体育事業部長、企画部長、事業本部長を歴任。現在、城西国際大学福祉総合学部兼任講師。2015年より厚生労働省 社会保障審議会児童部会「遊びのプログラム等に関する専門委員会」委員。NHKプロモーション講演会講師。
著書『鬼ごっこ』（日本小児医事出版）『元気いっぱい！鬼ごっこ50』（ひかりのくに）など

羽崎 貴雄（はざき たかお）

（一社）鬼ごっこ協会理事（公認S級ライセンス指導員・審判員）。
国際スポーツ鬼ごっこ連盟理事長。
青山学院大学経済学部卒業後、（一社）鬼ごっこ協会を2010年に設立して理事に就任する。協会では事業統括を担当する。2014年に国際スポーツ鬼ごっこ連盟設立、理事長に就任し、スポーツ鬼ごっこの国際化に向けた活動に従事している。

平峯 佑志（ひらみね ゆうし）

（一社）鬼ごっこ協会（公認S級ライセンス指導員・審判員）。
国際スポーツ鬼ごっこ連盟事務局長。
日本大学法学部卒業。鬼ごっこ協会設立前の大学在学中に鬼ごっこの普及活動に参画する。事務方の責任者として、鬼ごっこの普及のための営業、広報、イベント企画を行う。2014年に国際スポーツ鬼ごっこ連盟の設立に際して事務局長に就任する。

イラスト●桜木恵美
DTP●渡辺美知子デザイン室

【図書館版】スクール鬼ごっこ　鬼ごっこを楽しむ
2018年２月１日　第１刷発行

著　者●一般社団法人 鬼ごっこ協会ⓒ
発行人●新沼光太郎
発行所●株式会社いかだ社

〒102-0072東京都千代田区飯田橋2-4-10加島ビル
Tel.03-3234-5365　Fax.03-3234-5308
E-mail info@ikadasha.jp
ホームページURL　http://www.ikadasha.jp/
振替・00130-2-572993
印刷・製本　モリモト印刷株式会社

乱丁・落丁の場合はお取り換えいたします。
Printed in Japan
ISBN978-4-87051-493-5
本書の内容を権利者の承諾なく、営利目的で転載・複写・複製することを禁じます。